Mein Austausch

Daten des Aufent ....

Ich heiße...

und ich wohne bei:

Familienname..

Vorname..

Adresse..

....

....

Die Telefonnummer ist ....

Mein Lehrer/Meine Lehrerin heißt...

Er/Sie wohnt bei ....

Adresse..

....

....

Die Telefonnummer ist ....

SOME ADVICE

1 Documents:

Passport: Your group leader will specify whether you will be included on a group passport or whether you should have your own. If you are over 16, you should carry some means of ID, as you could be asked for it.

EHIC: Your parent or guardian can apply for your European Health Insurance Card (EHIC) online. Take your EHIC with you. Ensure it is still in date. If you are ill while in Germany, ask your host to make a medical appointment for you. Show your EHIC to the receptionist or the doctor or health provider. It is a good idea to give a photocopy of your EHIC to your group leader.

Travel Insurance is advisable. Often your group leader will have organised this. Ask the leader's advice on what to do about insurance of personal possessions.

2 Money:

Discuss with your group leader and your parents how much to take with you. If you are taking cash, it is sensible to divide it up and put it into two separate secure places.

You can change money at a UK post office, at a bank or at airports, ports, or on ferries. Cash machines are often convenient in Germany, perhaps using a pre-loaded card.

Conversion: While rates of exchange may vary, in summer 2013

1€ = about 90p
2€ = about £1.80
5€ = about £4.50
10€ = about £9.00

To change euros into £ sterling, you can use this ready reckoner:

€	10	20	30	40	50	60	100
£	9	18	27	36	45	54	90

3 Phoning:

To phone the UK from Germany, dial 00, wait for a change in the tone, then dial 44, then the UK area code without the leading 0, then the number you are calling. You may wish to phone home to say that you have arrived, but do not expect to use the phone frequently.

To phone Germany from the UK, dial 00 49, then the German area code without the leading 0, then the number you are calling. Your parents may wish to phone you.

Mobile phones:

Before you leave home visit your network provider's website for calling instructions, and to check charges for roaming, calling and texting and for receiving calls, texts, data etc when abroad. Texting can be the cheapest form of communication. Don't forget your charger and adapter.

4 What to take with you:

If you wish, a small gift for your hosts can break the ice.
Tea, shortbread biscuits or a simple book with pictures about your local area are very acceptable.

Photographs of your family can be a helpful talking point and also give you the chance to use simple phrases in German.

A checklist for your packing is printed on Page 5.

Medication:

If you need medication on a regular basis, please ensure that you have it with you. Make sure it is clearly labelled and inform your group leader.

5 Customs Arrangements:

See HM Revenue & Customs regulations for restrictions. Explosive caps, fireworks, imitation firearms, knives of any kind, imitation knives (e.g. flick combs) may not be brought back to the UK.

Concessions on alcohol (cider, beer, wine and spirits), cigarettes and tobacco are intended for adults. Youngsters should NOT bring back these items even as presents.

HOW TO BE THE PERFECT GUEST

1. SMILE and greet people.
   Try to speak the language - and don't worry if you make a mistake - you are there to learn! Remember to tell your family when you are happy and when you have enjoyed a special meal or outing arranged for you.

2. Try to eat what is put in front of you. It is ill-mannered and so disheartening for the cook if you refuse food without even trying it.
   DO tell your hostess politely early in your stay if there is anything you are unable to eat.

3. Do respect your host family's rules about times to be home, bed time, meal times and getting up time. Germans value punctuality.
   Don't be surprised if these times are different from what you are used to. Be prepared to get up early.

4. Do not stay hidden in your room.
   Do not spend the whole visit wearing your headphones!
   Be prepared to take part in family activities.

5. Make sure you have something to do (a book to read, a diary, letters or postcards to write) if your exchange partner is busy.

   If there is another member of the family available, you could practise the survival phrases from this book!

6. Do not spend too much time talking or texting on your mobile. This is often seen as rude when you are with other people.

7. Remember to ask permission before using your host family's computer for checking your email or using the internet.

8. Do offer to help with clearing the table, washing up, etc.

9. Do keep your room or your part of the room clean and tidy.
   Be considerate in your use of the bathroom.

10. Accept graciously any offers of help with laundry.

11. Do write a Thank You letter. See Page 28 for some help with this.

POSSIBLE PACKING CHECKLIST

Ich nehme Folgendes mit:

einen Rucksack	rucksack	☐
Pass, Krankenversicherungskarte, Geld	passport, EHIC, money	☐
eine Jacke	jacket	☐
Socken	socks	☐
Schuhe, Turnschuhe, Hausschuhe	shoes, trainers, slippers	☐
Hemde	shirts	☐
einen Schlafanzug	nightdress/pyjamas	☐
Blusen	blouses	☐
eine Jeans	jeans	☐
einen Rock	skirt	☐
einen Badeanzug, ein Badetuch	swimsuit, towel	☐
Taschentücher	handkerchiefs (tissues)	☐
eine Hose	trousers	☐
einen Pullover	jumper, sweater	☐
einen Wecker	alarm clock	☐
ein Kleid	dress	☐
Shorts	shorts	☐
Damenbinden	sanitary protection	☐
Slips, Unterhosen	pants	☐
BHs	bras	☐
einen Jogginganzug	tracksuit	☐
T-Shirts	T-shirts	☐
einen Fotoapparat	camera	☐
einen Kuli, einen Bleistift	pen, pencil	☐
eine Zahnbürste, Zahnpasta	toothbrush, toothpaste	☐
einen Kamm, Shampoo	comb, shampoo	☐
Seife, Make-up	soap, make-up	☐
ein Handy, einen MP3-Spieler	mobile phone, MP3 player	☐
Fotos	photos	☐
Geschenke für die deutsche Familie	presents for the German family	☐
Medikamente, Pflaster	medication, plasters	☐
Bücher, Zeitschriften	books, magazines	☐

DIE HINREISE

Datum der Abfahrt ....
Uhrzeit der Abfahrt von Großbritannien ....
Ankunftszeit in Deutschland ....
Wie war das Wetter? ....
....
Unterwegs habe ich Folgendes gegessen: ....
....
Ich habe Folgendes getrunken: ....
Ich habe Folgendes gekauft: ....
Name der Fähre/Fluglinie ....
Name des Kapitäns/des Piloten ....

Ich bin ....

mit dem Reisebus .. ☐	mit dem Zug .... ☐	mit dem Bus........ ☐
durch den Tunnel .. ☐	mit dem Flugzeug..... ☐	mit der Fähre....... ☐

.... gefahren

Ich habe Großbritannien von .... (Stadt) verlassen
Ich bin in Deutschland in ....(Stadt) angekommen

Unterwegs habe ich Folgendes bemerkt:

einen Polizisten .... ☐	eine Straßenbahn .... ☐
eine Umleitung............................ ☐	einen Rastplatz .... ☐
einen Briefkasten .... ☐	eine deutsche Flagge .... ☐
eine Konditorei .... ☐	ein Rathaus .... ☐
eine Litfaßsäule........................... ☐	eine Tankstelle............................. ☐

Ich habe auch Folgendes gesehen: ....
....
....
....
....
....
....
....
....

DIE RÜCKREISE

Datum der Rückreise..
Uhrzeit der Abfahrt von Deutschland...
Ankunftszeit in Großbritannien ....
Wie war das Wetter? ....
....
Unterwegs habe ich Folgendes gegessen: ....
....
Ich habe Folgendes getrunken: ....
Ich habe Folgendes gekauft: ....
Name der Fähre/Fluglinie ....
Name des Kapitäns/des Piloten...

Ich bin...............................
mit dem Reisebus .. ☐ mit dem Zug .... ☐ mit dem Bus........ ☐
durch den Tunnel .. ☐ mit dem Flugzeug .... ☐ mit der Fähre ...... ☐
.... gefahren

Ich habe Deutschland von... (Stadt) verlassen
Ich bin in Großbritannien in ....(Stadt) angekommen

Unterwegs habe ich Folgendes gesehen: ....
....
....
....
....
....
....
....
....
....
....
....
....
....
....

DIE DEUTSCHE FAMILIE

Familienalbum

Perhaps you may like to ask members of your German family to give their autographs on this page. (*Unterschreiben Sie bitte*)

Die Eltern:

Die Kinder:

Die Großeltern:
Die Verwandten:

Die Freunde:

Die Namen der Haustiere:

DIE WOHNUNG MEINER GASTFAMILIE

Das Haus ist	groß ☐	alt ☐	aus Beton ☐
	klein ☐	modern ☐	aus Backstein ☐
Die Wohnung ist	groß ☐	alt ☐	aus Beton ☐
	klein ☐	modern ☐	aus Backstein ☐
Der Garten:	Es gibt einen großen ☐	einen kleinen ☐ Garten	

Im Garten gibt es ....

....

....

....

Es gibt keinen Garten ☐

Foto/Bild

Photo/Drawing

PLAN DER WOHNUNG

DAS SCHLAFZIMMER

Mein Schlafzimmer ist: groß ☐ klein ☐

Im Schlafzimmer gibt es:...

....

....

Vom Fenster sehe ich: ....

....

....

....

Plan des Schlafzimmers

DEUTSCHE MAHLZEITEN

Ich habe Folgendes gegessen:

Tag	Frühstück	Mittagessen	Abendessen

MEIN TAGEBUCH

1. Tag

....	der	....	....
(Wochentag)	(Datum)	(Monat)	(Jahr)

Heute habe ich Folgendes gesehen: ....

....

....

Ich bin nach/zu..

....

....gegangen/gefahren

Ich habe Folgendes gekauft:..

....

....

Ich habe Folgendes gemacht: ....

....

....

Ich habe Folgendes gespielt: ....

....

....

---

2. Tag

....	der	....	....
(Wochentag)	(Datum)	(Monat)	(Jahr)

Heute habe ich Folgendes gesehen: ....

....

....

Ich bin nach/zu..

....

....gegangen/gefahren

Ich habe Folgendes gekauft:..

....

....

Ich habe Folgendes gemacht: ....

....

....

Ich habe Folgendes gespielt: ....

....

3.Tag

.... der ....
(Wochentag) (Datum) (Monat) (Jahr)

Heute habe ich Folgendes gesehen:..
....
....
Ich bin nach/zu...
....
.... gegangen/gefahren
Ich habe Folgendes gekauft: ....
....
....
Ich habe Folgendes gemacht:..
....
....
Ich habe Folgendes gespielt:...
....
....

4.Tag

.... der ....
(Wochentag) (Datum) (Monat) (Jahr)

Heute habe ich Folgendes gesehen:..
....
....
Ich bin nach/zu...
....
.... gegangen/gefahren
Ich habe Folgendes gekauft: ....
....
....
Ich habe Folgendes gemacht:..
....
....
Ich habe Folgendes gespielt:...
....
....

5. Tag

.... der ....
(Wochentag) (Datum) (Monat) (Jahr)

Heute habe ich Folgendes gesehen: ....
....
....
Ich bin nach/zu...
....
....gegangen/gefahren
Ich habe Folgendes gekauft:..
....
....
Ich habe Folgendes gemacht: ....
....
....
Ich habe Folgendes gespielt: ....
....
....

---

6. Tag

.... der ....
(Wochentag) (Datum) (Monat) (Jahr)

Heute habe ich Folgendes gesehen: ....
....
....
Ich bin nach/zu...
....
....gegangen/gefahren
Ich habe Folgendes gekauft:..
....
....
Ich habe Folgendes gemacht: ....
....
....
Ich habe Folgendes gespielt: ....
....
....

7. Tag

....	der	....	....
(Wochentag)	(Datum)	(Monat)	(Jahr)

Heute habe ich Folgendes gesehen:...
....
....

Ich bin nach/zu...
....
.... gegangen/gefahren

Ich habe Folgendes gekauft:...
....
....

Ich habe Folgendes gemacht:...
....
....

Ich habe Folgendes gespielt:...
....
....

---

8. Tag

....	der	....	....
(Wochentag)	(Datum)	(Monat)	(Jahr)

Heute habe ich Folgendes gesehen:...
....
....

Ich bin nach/zu...
....
.... gegangen/gefahren

Ich habe Folgendes gekauft:...
....
....

Ich habe Folgendes gemacht:...
....
....

Ich habe Folgendes gespielt:...
....
....

9. Tag

....	der	....	....
(Wochentag)	(Datum)	(Monat)	(Jahr)

Heute habe ich Folgendes gesehen: ....
....
....

Ich bin nach/zu...
....
....gegangen/gefahren

Ich habe Folgendes gekauft:...
....
....

Ich habe Folgendes gemacht: ....
....
....

Ich habe Folgendes gespielt: ....
....
....

---

10. Tag

....	der	....	....
(Wochentag)	(Datum)	(Monat)	(Jahr)

Heute habe ich Folgendes gesehen: ....
....
....

Ich bin nach/zu...
....
....gegangen/gefahren

Ich habe Folgendes gekauft:...
....
....

Ich habe Folgendes gemacht: ....
....
....

Ich habe Folgendes gespielt: ....
....
....

ANDERE AUFGABEN

1. Schreibe 3 Zeitungsüberschriften auf, die du gesehen hast:
   Copy down 3 newspaper headlines you have seen:
   ....
   ....
   ....
   ....

2. Nenne die Fernsehsendungen, DVDs, Filme, die du gesehen hast:
   Name the TV programmes, DVDs, films you have watched:
   ....
   ....
   ....
   ....
   ....
   ....
   ....
   ....
   ....

3. Nenne die Musik, die dein(e) Austauschpartner(in) mag/hört:
   Name any music your exchange partner likes/listens to:
   ....
   ....
   ....
   ....
   ....

4. Ist deine deutsche Gastfamilie Fan von irgendwelchen Mannschaften?
   Which teams, if any, does your German family support?
   ....
   ....
   ....
   ....
   ....

5. Schreibe hier neue Worte und Redewendungen auf, die du in deiner Gastfamilie gelernt hast, und übersetze sie ins Englische:
Write down any new phrases and words you have learnt from your German family and translate them into English:

....

....

....

....

....

....

....

....

....

....

....

....

....

....

6. Schreibe hier ein Rezept auf, das gerne in deiner Gastfamilie verwendet wird:
Copy out a favourite recipe used in your German family:

....

....

....

....

....

....

....

....

....

....

....

....

....

....

....

....

7. Nenne 5 Dinge, die du in einem Geschäft/Supermarkt gesehen hast und die man in Großbritannien nicht kaufen kann:
Write down 5 things you have seen in a shop/supermarket which you cannot buy in Britain:

....
....
....
....
....
....

8. Schreibe 5 Markennamen auf, die man sowohl in Großbritannien als auch in Deutschland im Supermarkt kaufen kann:
Write down 5 brand names of goods which you can buy in supermarkets in both Britain and Germany:

....
....
....
....
....
....

9. Schreibe 3 Namen von Supermarktketten auf:
Write the names of 3 German supermarket chains:

....
....
....

10. Wie heißen auf Deutsch die Figuren in deinem Lieblingszeichentrickfilm?
What are the German names of the characters in your favourite cartoon?

....
....
....
....
....
....

11. Klebe auf diese Seite Fahrkarten, Etiketten, Papier von Würfelzucker, leere Bonbonpapiere, übrige Briefmarken, die du gesammelt hast:
Stick on this page any tickets, labels, sugar wrappings, sweet wrappings, spare stamps you have collected:

12. Benutze einen weichen Bleistift, um hier einige Euro-Münzen zu rubbeln:
Use a soft pencil to make rubbings of some euro coins on this page:

ZUM HERAUSFINDEN

1. Was gibt es auf dem Fünfeuroschein?
What is shown on the €5 note?

....
....
....

2. Welche Farben sind in der deutschen Flagge? Zeichne eine Flagge und male sie bunt:
What are the colours of the German flag? Draw one and colour it:

....
....
....

3. Nenne einige deutsche Fernsehsender:
Name some German TV channels:

....
....
....

4. Wo spricht man Deutsch, abgesehen von Deutschland?
Where is German spoken, apart from in Germany?

....
....
....

5. Wer ist der deutsche Bundeskanzler?
Who is the German Chancellor?

....

6. Wie viele Einwohner hat Deutschland?
What is the population of Germany?

....

7. Nenne:
Name:
   a) eine weltbekannte deutsche Firma
   a world famous German firm ....

   b) einen weltbekannten deutschen Sportler/
   eine weltbekannte deutsche Sportlerin
   a world famous German sportsperson ....

8. Nenne 3 deutsche Flüsse:
Name 3 German rivers:

....
....
....

9. Zähle 50 Autos und schreibe die 3 Marken auf, die du am häufigsten gesehen hast:
Make a survey of 50 cars and write down the names of the 3 most common makes:

....
....
....
....
....

10. Schreibe 5 historische oder geographische Fakten über die Gegend auf, in der du warst:
Write down 5 historical or geographical facts about where you have been staying:

....
....
....
....
....

SURVIVAL IN THE LANGUAGE

SOCIAL REMARKS

Good morning, Good day! ....Guten Morgen! Guten Tag!
Good evening!...Guten Abend!
Hello! ....Hallo!
Please ....Bitte
Thank you ....Danke/Danke schön/Danke sehr/Vielen Dank
Not at all..Bitte sehr, bitte schön
You are very kind...Sie sind sehr freundlich
Excuse me ....Entschuldigung!
I would like … ....Ich möchte (gern)/Ich hätte gern …
May I … ....Darf ich …
I'm sorry, but … ....Es tut mir leid, aber …
Don't mention it!..Gern geschehen!
Good-bye! ....Auf Wiedersehen!
Bye!...Tschüs!
See you soon/tomorrow ....Bis bald!/Bis morgen!

AGREEING AND SYMPATHISING

Yes, of course...Ja, natürlich
What a shame!...(Wie) Schade!
It doesn't matter ....Es macht nichts
I don't mind..Es ist mir egal
With pleasure ....Ja, gerne
Yes, I'd like to...Ja, ich möchte gern
Good idea!..Gute Idee!
Really? ....Wirklich?
That's nice of you ....Das ist nett von dir/Ihnen
OK...OK/In Ordnung!
Agreed...Einverstanden
Congratulations!...Herzlichen Glückwunsch!
Too bad! ....Das ist aber schade!

QUESTIONS

Why? ....Warum?
When? ....Wann? Um wie viel Uhr?
Where? ....Wo?
Where from? ....Woher?
Where to?..Wohin?
What? ....Was?
Who?...Wer?
How much?/How many?...............................Wie viel?/Wie viele?
How?...Wie?
What is … like? ....Wie ist …?
Is there/Are there?...Gibt es?

HELPING SOMEONE ELSE

What is the matter? ....Was ist los?
Have you got/Is there a problem? ....Hast du ein Problem?/Gibt es ein Problem?
Can I help you? ....Kann ich dir/Ihnen helfen?
May I help you? ....Darf ich dir/Ihnen helfen?

OPINIONS

I don't know ....Ich weiß nicht
That depends ....Es kommt darauf an
Perhaps ....Vielleicht
I think so ....Ich glaube ja
I don't think so ....Ich glaube nicht
It's not serious ....Es ist nicht schlimm

MISCELLANEOUS

Here is/are … ....Hier ist/sind …
There is/are … ....Es gibt …
I would like … ....Ich möchte …
I must … ....Ich muss …
May I …? ....Darf ich …?
I like … ....Ich mag …

IF YOU HAVE DIFFICULTIES

I'm sorry, I don't understand..........................Es tut mir leid, aber ich verstehe nicht
Would you repeat that, please? ....Könnten Sie das bitte wiederholen?
What does that mean? ....Was bedeutet das?
What is that called in German? ....Wie heißt das auf Deutsch?
How do you say that in German, please? ....Wie sagt man das auf Deutsch, bitte?
Speak more slowly, please! ....Sprechen Sie bitte langsamer!
I've forgotten the word for … ....Ich habe das Wort für … vergessen.
How do you pronounce that, please? ....Wie spricht man das aus, bitte?
Would you write that for me, please? ....Könnten Sie das bitte aufschreiben?
Can you explain that, please? ....Könnten Sie das bitte erklären?
Can you help me, please? ....Könnten Sie mir bitte helfen?

DESCRIBING THINGS AND PEOPLE

It's a sort of … ....Es ist eine Art …
It's a bit like … ....Es ist ein bisschen wie …
It's bigger/smaller than … ....Es ist größer/kleiner als …
It's as big/small as … ....Es ist so groß/klein wie …
What does he/she look like? ....Wie sieht er/sie aus?
He/she looks older..Er/Sie sieht älter aus
She looks nice ....Sie sieht nett aus
He seems unhappy ....Er sieht traurig aus
He has black hair and brown eyes ....Er hat schwarze Haare und braune Augen
She is wearing school uniform ....Sie trägt eine Schuluniform

PHRASES FOR SPECIAL OCCASIONS

Good luck! ....Viel Glück!
Have a nice day. ....Viel Spaß!
Enjoy your meal! ....Guten Appetit!
Happy Birthday! ....Herzlichen Glückwunsch zum Geburtstag!
Happy New Year! ....Ein glückliches neues Jahr!
Happy Christmas! ....Frohe Weihnachten!
Safe journey home! ....Komm/Kommen Sie gut nach Hause!
Have a good holiday! ....Schöne Ferien!
Have a nice weekend! ....Schönes Wochenende!
Cheers! ....Prost!

WARNINGS

Watch out!...Pass auf!/Achtung!
Take care!..Vorsicht!
Danger!..Gefahr!
Cheer up!...Lach doch mal!/Kopf hoch!

OPINIONS

Great! ....Prima!
It's unbelievable/complicated/easy ....Es ist unglaublich/kompliziert/einfach
It's hard/difficult ....Es ist schwer/schwierig

Ich habe auch Folgendes gelernt:

STAYING IN A FAMILY

ARRIVING

How are you? ....Wie geht es dir?
I'm very well, thank you ....Es geht mir sehr gut, danke
Have you had a good journey?......................Hast du eine gute Reise gehabt?
The journey was very long ....Die Reise war sehr lang
The crossing was bad/good ....Die Überfahrt war schlecht/gut
I was sea-sick ....Ich war seekrank
I am tired ....Ich bin müde

Would you like something to eat/drink? ....Möchtest du etwas essen/trinken?
No, thank you, I'm not hungry.......................Nein danke, ich habe keinen Hunger
No, thank you, I'm not thirsty ....Nein danke, ich habe keinen Durst

Do you need anything?..................................Brauchst du irgendetwas?
I would like a shower/bath ....Ich möchte mich duschen/baden
The bathroom is on the first floor ....Das Badezimmer ist im ersten Stock
I have forgotten my toothbrush/toothpaste ....Ich habe meine Zahnbürste/Zahnpasta vergessen

Here is your room/the bathroom ....Hier ist dein Zimmer/das Badezimmer
You can put your things in this wardrobe ......Du kannst deine Sachen in diesen Kleiderschrank legen

Did you sleep well?.......................................Hast du gut geschlafen?
I slept very well thank you ....Ich habe sehr gut geschlafen, danke

What do you usually have for breakfast? ....Was isst du normalerweise zum Frühstück?
I usually have toast..Gewöhnlich esse ich Toast
Is there anything you don't like to eat? ....Gibt es etwas, was du nicht gern isst?
I don't like fish ....Ich esse nicht gern Fisch

IN THE HOME

Would you like to listen to CDs/the radio?....Möchtest du CDs/Radio hören?
Would you like to watch TV/a DVD? ....Möchtest du fernsehen/eine DVD sehen?
Would you like to go out this evening? ....Möchtest du heute Abend ausgehen?
What is there to see in Bad Iburg? ....Was gibt es in Bad Iburg zu sehen?
What is there to do in Marburg? ....Was kann man in Marburg machen?

May I help you? ....Darf ich dir helfen?
Shall we set/clear the table? ....Sollen wir den Tisch decken/abräumen?
Will you close the window, please?..............Kannst du bitte das Fenster zumachen?
What is there to be done?..............................Was gibt es zu tun?
I have to tidy up my room ....Ich muss mein Zimmer aufräumen
I am going to do my homework ....Ich will meine Hausaufgaben machen

I like/don't like … ....Ich mag/mag nicht …
I like playing … ....Ich spiele gern …
I prefer playing … ....Ich spiele lieber …

GOODBYE

See you soon/sometime..................................Bis bald/Bis irgendwann einmal
See you next year ....Bis nächstes Jahr
Have a good journey home ....Komm gut nach Hause
Thank you for everything...............................Vielen Dank für alles
I've had a wonderful holiday ....Ich habe einen wunderbaren Urlaub gehabt
You have all been so kind..............................Ihr seid alle so nett gewesen
I'll come with you to the station ....Ich komme mit dir zum Bahnhof
Please phone us when you get home! ....Bitte ruf uns an, wenn du zu Hause ankommst
Have you got everything? ....Hast du alles?
Say thank you to your parents for me.............Sag deinen Eltern vielen Dank von mir
Will you be able to come back next year? .....Kommst du nächstes Jahr wieder?
I'd love to come and see you again ....Ich möchte sehr gern noch mal kommen
Write soon!..Schreib bald!

Here are some sentences which you can use to write a letter of thanks:

Malvern, den 27. April 20….

Lieber Herr …, Liebe Frau …,
[Liebe … (girl), Lieber …(boy),]
Dear …

vielen Dank für Ihre Gastfreundschaft
[vielen Dank für deine Gastfreundschaft]
Thank you for your warm welcome

Vielen Dank für alles, was Sie für mich gemacht haben
[Vielen Dank für alles, was du für mich gemacht hast]
Thank you for all you have done

Ich habe einen angenehmen Aufenthalt gehabt
I had an enjoyable visit

Ich werde immer gern an meinen Besuch in … denken
I shall have very happy memories of my visit to …

Ich hoffe, bald Neues von Ihnen zu hören
[Ich hoffe, bald Neues von dir zu hören]
I hope to hear from you soon

Mit freundlichen Grüßen
Best Wishes

Ihre … (girl) Ihr … (boy)
[deine … (girl) dein … (boy)]

YOURSELF, YOUR LIKES AND DISLIKES

HELLO

May I introduce …? ……………………………… Darf ich … vorstellen?
How are you? ……………………………… Wie geht es Ihnen/dir?
What is your name? ……………………………… Wie heißt du?
My name is … ……………………………… Ich heiße …

Where do you come from? ……………………………… Woher kommst du?
I am English/Scottish ……………………………… Ich bin Engländer(in)/Schotte/Schottin
I am Welsh/Irish ……………………………… Ich bin Waliser(in)/Ire/Irin
I am British ……………………………… Ich bin Brite/Britin

Where do you live? ……………………………… Wo wohnst du?
I live in Malvern ……………………………… Ich wohne in Malvern
What is your address? ……………………………… Wie ist deine Adresse?
What is your phone number? ……………………………… Wie ist deine Telefonnummer?
What is your mobile number? ……………………………… Wie ist deine Handynummer?

Do you have any brothers or sisters? ……………………………… Hast du Geschwister?
I have one brother/sister ……………………………… Ich habe einen Bruder/eine Schwester
This is my brother/sister ……………………………… Das ist mein Bruder/meine Schwester
He is younger than I am ……………………………… Er ist jünger als ich
She is older than I am ……………………………… Sie ist älter als ich
His/Her name is Chris ……………………………… Er/Sie heißt Chris
He/She is twelve years old ……………………………… Er/Sie ist zwölf Jahre alt
What does your father/mother do? ……………………………… Was ist dein Vater/deine Mutter von Beruf?
He is an official ……………………………… Er ist Beamte
She is an official ……………………………… Sie ist Beamtin

How old are you? ……………………………… Wie alt bist du?
I am 15 ……………………………… Ich bin fünfzehn
When is your birthday? ……………………………… Wann hast du Geburtstag?
My birthday is on 30th November ……………………………… Ich habe am 30. November Geburtstag
In which year were you born? ……………………………… In welchem Jahr bist du geboren?
I was born in 2001 ……………………………… Ich bin zweitausendeins geboren

Is this your first visit to Germany? ……………………………… Bist du zum ersten Mal in Deutschland?
Have you ever been abroad before? ……………………………… Warst du schon einmal im Ausland?
I went on a school exchange last year ……………………………… Ich habe letztes Jahr einen Schüleraustausch mitgemacht
I went to Spain with my parents last Easter … Ich bin letzte Ostern mit meinen Eltern nach Spanien gefahren

Do you like animals? ……………………………… Hast du Tiere gern?
Yes, I like animals ……………………………… Ja, ich mag Tiere
Do you have any pets? ……………………………… Hast du Haustiere?
I have a dog/a cat/a rabbit ……………………………… Ich habe einen Hund/eine Katze/ein Kaninchen
Do you prefer dogs or cats? ……………………………… Magst du lieber Hunde oder Katzen?
I prefer cats/dogs ……………………………… Ich mag lieber Katzen/Hunde

FREE TIME AND HOBBIES

What do you do in your free time?................Was machst du in deiner Freizeit?
I go out with my friends ....Ich gehe mit meinen Freunden/ meinen Freundinnen aus
What do you do at weekends?........................Was machst du am Wochenende?
I play football/I watch TV ....Ich spiele Fußball/Ich sehe fern
Where do you go with your friends at weekends? ....Wohin gehst du am Wochenende mit deinen Freunden/Freundinnen?
I go to the the youth club/cinema/dancing Ich gehe in den Jugendklub/ins Kino/tanzen
Do you like sport? ....Magst du Sport?
Yes, I like sport very much ....Ja, ich treibe sehr gern Sport
Which is your favourite sport?.......................Was ist dein Lieblingssport?
I like tennis/rugby ....Ich spiele gern Tennis/Rugby
Where and when do you play? ....Wo und wann spielst du?
I play on Saturday afternoon at the club.........Ich spiele samstagnachmittags im Verein
Are you a member of a club? ....Bist du in einem Verein?
Yes, I belong to a tennis club ....Ja, ich bin in einem Tennisverein

Are you interested in music?..........................Interessierst du dich für Musik?
Yes, music is very important to me................Ja, Musik ist mir sehr wichtig
What type of music do you like? ....Was für Musik magst du gern?
I like classical music best...............................Ich höre am liebsten klassische Musik
Have you got a favourite group/singer? ....Hast du eine Lieblingsgruppe/einen Lieblingssänger/eine Lieblingssängerin?
No, I don't have a favourite group/singer ......Nein, ich habe keine Lieblingsgruppe/keinen Lieblingssänger/keine Lieblingssängerin

Do you play an instrument? ....Spielst du ein Instrument?
Yes, I play the violin/clarinet/guitar..............Ja, ich spiele Geige/Klarinette/Gitarre
How long have you been playing the piano? .Wie lange spielst du schon Klavier?
I have been playing the piano for four years ..Ich spiele seit vier Jahren Klavier

Do you watch much TV at weekends?...........Siehst du am Wochenende viel fern?
No, I don't watch TV very often ....Nein, ich sehe nicht oft fern
Which type of programme do you like?.........Was für Sendungen magst du?
I like documentaries/cartoons ....Ich mag Dokumentarfilme/Zeichentrickfilme
Which type of programme do you not like?...Was für Sendungen magst du nicht?
I don't like current affairs ....Ich mag politische Sendungen nicht
I don't like the news.......................................Ich mag die Nachrichten nicht

Do you like going to the cinema? ....Gehst du gern ins Kino?
Yes, I like going to the cinema sometimes ....Ja, manchmal gehe ich gern ins Kino
How often do you go to the cinema? ....Wie oft gehst du ins Kino?
Two or three times a year..............................Zwei- oder dreimal im Jahr
Which type of film do you like best? ....Welche Art Filme magst du am liebsten?
I like science fiction ....Ich mag Science-Fictionfilme

Do you like reading? ....Liest du gern?
Yes, I like reading ....Ja, ich lese gern

What type of books do you like? ....Was für Bücher magst du?
I like detective stories ....Ich mag Kriminalromane/Krimis
Have you got a computer? ....Hast du einen Computer?
Yes, I've got a computer at home ....Ja, ich habe einen Computer zu Hause
Have you got any computer games? ....Hast du Computerspiele?
Yes, I've got a lot of computer games ....Ja, ich habe viele Computerspiele

Are you interested in fashion? ....Interessierst du dich für Mode?
Yes, I am very interested in fashion...............Ja, ich interessiere mich sehr für Mode
Do you like shopping? ....Gehst du gern einkaufen?
Yes, I like shopping ....Ja, ich gehe gern einkaufen
Which shops do you like looking round? ......In welchen Geschäften siehst du dich gern um?
I like looking around music/book shops ....Ich sehe mich gern in Musikgeschäften/Buchhandlungen um

Welche Hobbys hat dein(e) Austauschpartner(in), was mag er/sie und was mag er/sie nicht?

What are your exchange partner's hobbies, likes and dislikes:

YOUR HOME

Where do you live? ....Wo wohnst du?
I live in Malvern...Ich wohne in Malvern
How long have you lived there? ....Seit wann wohnst du dort?
I have lived there for ten years.......................Ich wohne seit zehn Jahren dort
Do you live near school?...............................Wohnst du in der Nähe der Schule?
I live two km from school..............................Ich wohne zwei Kilometer von der Schule entfernt

Is your house old or modern?.........................Ist dein/euer Haus alt oder modern?
My/Our house is (fairly) old/modern............Mein/Unser Haus ist (ziemlich) alt/modern
Have you got a garden?.................................Hast du einen Garten?
Yes, I have a big garden................................Ja, ich habe einen großen Garten
Have you got your own bedroom?................Hast du ein eigenes Zimmer?

Yes, I have my own room..............................Ja, ich habe ein eigenes Zimmer
No, I share with my sister/brother.................Nein, ich teile mein Zimmer mit meiner Schwester/mit meinem Bruder
What furniture do you have in your room?....Welche Möbel hast du in deinem Zimmer?
There are two beds, a wardrobe, a table, a computer, a television and two chairs ....Es gibt zwei Betten, einen Kleiderschrank, einen Tisch, einen Computer, einen Fernseher und zwei Stühle

YOUR HOME TOWN

Where is Malvern?...Wo liegt Malvern?
Malvern is in Worcestershire.........................Malvern liegt in Worcestershire
It is in the centre of England..........................Es ist in Mittelengland
How many inhabitants are there ?.................Wie viele Einwohner hat es?
There are about 36,000 inhabitants...............Es gibt etwa 36 000 Einwohner

What is there to see in Malvern?....................Was gibt es in Malvern zu sehen?
There are the hills, the old church, a park and a Victorian town centre.................Es gibt die Berge, die alte Kirche, einen Park und eine viktorianische Altstadt
What is there to do in Malvern?.....................Was gibt es in Malvern zu tun?
You can go to the theatre, cinema, swimming pool or walk on the hills.................Man kann ins Theater, ins Kino, ins Hallenbad gehen oder auf den Bergen wandern

Is Malvern an industrial town? ....Ist Malvern eine Industriestadt?
Malvern is more of a tourist town..................Malvern ist eher eine Touristenstadt
What industries are there in the town?...........Welche Industrien gibt es in der Stadt?
There are some factories in the town - for sports cars and other light industry ....Es gibt einige Fabriken in der Stadt - für Sportwagen und andere Leichtindustrien
What sports facilities are there?.....................Welche Sportanlagen gibt es?
There is a swimming pool, a tennis club and a football club........Es gibt ein Hallenbad, einen Tennisklub und einen Fußballverein
What interesting places are there to see around Malvern? ....Welche Sehenswürdigkeiten gibt es in der Umgebung von Malvern?
There are the hills and the city of Worcester with its cathedral..................Es gibt die Berge und die Stadt Worcester mit dem Dom

SCHOOL AND DAILY ROUTINE

How many pupils are there in your school/in your class? .... Wie viele Schüler und Schülerinnen gibt es in deiner Schule/deiner Klasse?
There are 1400 pupils in the school .... Unsere Schule hat vierzehnhundert Schüler
There are 27 pupils in my class .... Meine Klasse hat siebenundzwanzig Schüler

Describe your school uniform .... Beschreibe deine Schuluniform
I wear a navy blue skirt/ a white blouse/a blue tie/ a white shirt/grey trousers .... Ich trage einen dunkelblauen Rock/ eine weiße Bluse/einen blauen Schlips/ ein weißes Hemd/eine graue Hose
Do you like your uniform? .... Magst du deine Schuluniform?
No, I don't like my school uniform .... Nein, ich mag meine Schuluniform nicht
Yes, I do like my school uniform .... Ja, ich mag meine Schuluniform

Which subjects do you do? .... Welche Fächer hast du?
I do English, Maths, French, German, Science, Geography, History and Technology .... Ich lerne Englisch, Mathe, Französisch, Deutsch, Naturwissenschaften, Erdkunde, Geschichte und Technologie
Which is your favourite subject? .... Was ist dein Lieblingsfach?
My favourite subject is German .... Mein Lieblingsfach ist Deutsch
Which subject don't you like? .... Welches Fach hast du nicht gern?
I don't like English .... Ich mag Englisch nicht
Which are your good subjects? .... In welchen Fächern bist du gut?
I am good at Maths .... Ich bin gut in Mathe
Which is your worst subject? .... In welchem Fach bist du am schwächsten?
I'm very bad at History .... Ich stehe sehr schlecht in Geschichte

Are you in a school team? .... Spielst du in einer Schulmannschaft?
I play in the school hockey/ school rugby team .... Ich spiele in der Schulhockeymannschaft/ in der Schulrugbymannschaft
Are you in the orchestra/choir/brass band? .... Bist du Mitglied im Orchester/im Chor/ in der Blaskapelle?
I am in the choir .... Ich singe im Chor

DAILY ROUTINE

What time do you get up? .... Wann stehst du auf?
I get up at 7.00 .... Ich stehe um sieben Uhr auf
What time do you leave home? .... Wann verlässt du das Haus?
I leave home at 8.30 .... Ich verlasse das Haus um acht Uhr dreißig
How do you get to school? .... Wie kommst du zur Schule?
I come to school by bus/car/bike .... Ich komme mit dem Bus/mit dem Auto/ mit dem Rad zur Schule
I walk to school .... Ich komme zu Fuß zur Schule
What time do you arrive at school? .... Wann kommst du in der Schule an?
I arrive at school at 8.45. .... Ich komme um Viertel vor neun an

When do lessons start? .... Wann beginnt der Unterricht/die Schule?
Lessons start at 9.00 .... Er/Sie beginnt um neun Uhr
How many lessons do you have each day? .... Wie viele Stunden hast du pro Tag?

We have six lessons a day..............................Wir haben sechs Stunden pro Tag
How long do your lessons last?......................Wie lange dauern die Stunden?
Our lessons last 50 minutes............................Die Stunden dauern fünfzig Minuten
What do you do during break?.......................Was machst du in der Pause?
I talk to my friends during break....................In der Pause unterhalte ich mich mit meinen Freunden
When is your lunch time? ....Wann ist die Mittagspause?
Lunch time is at 12.30...................................Die Mittagspause beginnt um halb eins
When does school end?.................................Wann ist die Schule aus?
School ends at 3.40 ....Die Schule ist um drei Uhr vierzig aus

What time do you get home? ....Um wie viel Uhr kommst du zu Hause an?
I get home at 4.10..Ich komme um zehn nach vier zu Hause an
What do you do in the evening?....................Was machst du abends?
In the evening I do my homework and listen to music ....Am Abend mache ich meine Hausaufgaben und ich höre Musik
What time do you go to bed? ....Um wie viel Uhr gehst du ins Bett?
I go to bed at 10.30..Ich gehe um halb elf ins Bett

What do you usually have for breakfast?.......Was isst du gewöhnlich zum Frühstück?
I usually have toast and cereal for breakfast........................Ich esse gewöhnlich Toast und Cornflakes zum Frühstück
Do you eat in the canteen at midday? ....Isst du mittags in der Kantine?
Yes, I eat in the canteen at midday.................Ja, ich esse zu Mittag in der Kantine
What do you eat at lunch time?......................Was isst du zu Mittag?
I have sandwiches at midday..........................Ich esse zu Mittag Butterbrote
What do you eat in the evening?....................Was isst du zu Abend?
In the evening I have soup, meat, vegetables and ice cream...................Abends esse ich Suppe, Fleisch, Gemüse und Eis
What is your favourite food? ....Was ist dein Lieblingsessen?
My favourite food is … ....Mein Lieblingsessen ist …
Is there anything you don't like?....................Gibt es etwas, was du nicht gern isst?
I don't like carrots..Ich esse nicht gern Karotten

Einige Bemerkungen über die tägliche Routine deiner deutschen Gastfamilie:

Notes on the daily routine of your German family:

OUTINGS AND VISITS

MAKING ARRANGEMENTS

Shall we go out this evening? ....Sollen wir heute Abend ausgehen?
Do you want to go out this evening?.............Hast du Lust, heute Abend auszugehen?
Where would you like to go? ....Wohin möchtest du gehen?
What time shall we meet? ....Wann treffen wir uns?
I'll see you at 8 pm...Ich treffe dich um 20 Uhr
Where shall we meet? ....Wo treffen wir uns?
I'll see you outside the restaurant...................Ich treffe dich vor dem Restaurant

AT THE CINEMA

Would you like to go the cinema? ....Möchtest du ins Kino gehen?
What's on? ....Was läuft?
I'd like to see a comedy ....Ich möchte eine Komödie sehen
I'd like to see a horror movie ....Ich möchte einen Horrorfilm sehen
Is it the original soundtrack?..........................Ist er im Originalton?
No, it's dubbed...Nein, er ist synchronisiert
Yes, but it's got sub-titles ....Ja, aber er ist mit Untertiteln
What time does the last performance start? ...Wann fängt die letzte Vorstellung an?
How long does it last?...................................Wie lange dauert sie?
What time does the film end? ....Wann ist der Film zu Ende?

DISCUSSING THE SHOW

Who is your favourite singer?........................Wer ist dein(e) Lieblingssänger(in)?
Who is your favourite actor/actress?.............Wer ist dein(e) Lieblingsschauspieler(in)?
Have you seen ---'s latest film? ....Hast du ---s neuesten Film gesehen?
What did you think of the film/play?............Wie hast du den Film/das Stück gefunden?
The film was marvellous/boring ....Der Film war prima/langweilig
The concert was interesting/awful ....Das Konzert war interessant/furchtbar
In my opinion it was too long/serious ....Meiner Meinung nach war es zu lang/ zu ernst

GOING TO A PARTY

Paul's having a party next week.....................Paul gibt nächste Woche eine Party
Will you come to the party with me? ....Kommst du mit mir zur Party?
Yes, I'd love to ....Ja, das möchte ich gern machen
I must ask my penfriend ....Ich muss meinen Brieffreund/meine Brieffreundin fragen
Sorry, I'm not free..Es tut mir leid, ich kann nicht
Sorry, I'm going out with Sara/Peter ....Es tut mir leid, ich gehe mit Sara/Peter aus

GOING TO A DISCO

Are you going to the disco this evening? ....Gehst du heute Abend zur Disco?
I'll buy the tickets...Ich kaufe die Karten
Where can one buy tickets? ....Wo kann man Karten kaufen?

SUGGESTIONS FOR THE EVENING

What would you like to do this evening?.......Was möchtest du heute Abend machen?
Do you want to go to the disco?.....................Hast du Lust, in die Disco zu gehen?
Can we go to the disco? ....Können wir in die Disco gehen?
Can we hire a DVD?....................................Können wir eine DVD ausleihen?
Shall we go for a drink? ....Gehen wir etwas trinken?
I'm paying!..Ich bezahle/Ich lade dich ein
Yes, I'd love to...Ja, das möchte ich gerne
I'm not sure...Ich bin nicht sicher
I'm sorry, I can't make it................................Es tut mir leid, das kann ich nicht schaffen
Perhaps we could go tomorrow......................Vielleicht können wir morgen hingehen

PLAYING/WATCHING A GAME

Shall we play tennis? ....Sollen wir Tennis spielen?
I'll meet you at the Sports Centre ....Ich treffe dich am Sportzentrum
We would like to go to a football match........Wir möchten zum Fußballspiel gehen
I support Liverpool..Ich bin für Liverpool
What time does the ice-rink open?................Wann macht die Eisbahn auf?
Can one hire skates?......................................Kann man Schlittschuhe leihen?
The swimming pool closes at 10 pm..............Das Schwimmbad macht um 22 Uhr zu
Would you like to go horse-riding? ....Möchtest du reiten?
I'd prefer to go for a walk on the hills ....Ich gehe lieber auf den Hügeln spazieren
Do you want to go to the swimming pool? ....Hast du Lust, ins Schwimmbad zu gehen?

Schreibe hier etwas über deine Ausflüge:

Make notes on any outings or visits:

SHOPPING AND PHONING

GENERAL SHOPPING

Is there a post office near here?......................Gibt es hier in der Nähe eine Post?
Which is the way to the bank, please? ....Wie kommt man am besten zur Bank, bitte?
The market is on the right ....Der Markt ist auf der rechten Seite

Can I help you? ....Kann ich Ihnen helfen?
I would like three peaches, please..................Ich möchte drei Pfirsiche, bitte
Please could you tell me.................................Könnten Sie mir bitte sagen,
where I can buy some stamps? wo ich Briefmarken kaufen kann?
Have you got any postcards, please?.............Haben Sie Postkarten, bitte?
Do you sell films? ....Verkaufen Sie Filme?
How much is that book, please? ....Was kostet das Buch, bitte?

How much does that jumper cost?................Was kostet der Pullover?
Have you got any change? ....Haben Sie Kleingeld?
Could you change 20 euros? ....Könnten Sie zwanzig Euro wechseln?
I have only got a 50 euro note. ....Ich habe nur einen Fünfzigeuroschein

What size are you? ....Welche Größe haben Sie?
What size do you take? (shoes).......................Welche Schuhgröße haben Sie?
I would like to buy a black bag ....Ich möchte eine schwarze Tasche kaufen
It's for a present ....Es soll ein Geschenk sein
Will you gift wrap it, please? ....Könnten Sie es bitte in Geschenkpapier einpacken?

I think there is a mistake ....Ich glaube, da stimmt etwas nicht
I have kept the receipt ....Ich habe die Quittung noch

AMOUNTS AND QUANTITIES

A kilo of apples..Ein Kilo Äpfel
Half a kilo of cherries.....................................Ein halbes Kilo Kirschen
A packet/tin of biscuits ....Eine Packung/eine Dose Kekse
A slice of ham ....Eine Scheibe Schinken
A piece of cake...Ein Stück Kuchen
500/250g of cheese...500/250 Gramm Käse
The oranges are 50 cents each........................Die Apfelsinen kosten fünfzig Cent das Stück

AT THE POST OFFICE

How much is a letter to the UK, please?........Was kostet ein Brief nach Großbritannien, bitte?
Will you weigh this letter, please? ....Könnten Sie diesen Brief wiegen, bitte?
How long will it take?....................................Wie lange dauert es?
Letters take about five days............................Briefe kommen nach etwa fünf Tagen an
Six stamps for Britain, please ....Sechs Briefmarken für Großbritannien, bitte
I would like to send this parcel to Ireland ......Ich möchte dieses Paket nach Irland schicken
Where is the letter box? ....Wo ist der Briefkasten?
Over there, next to the phone box ....Da drüben, neben der Telefonzelle

AT THE BANK

Is there a cashpoint here? ....Gibt es hier einen Geldautomaten?
Here is my card ....Hier ist meine Karte
Which is the counter for changing money?....An welchem Schalter wechselt man Geld?
What is the exchange rate for the pound? ......Wie ist der Wechselkurs für das Pfund?
Have you any means of identification? ....Haben Sie einen Ausweis?
May I see your passport, please?....................Darf ich bitte Ihren Pass sehen?
Do I have to sign? ....Muss ich unterschreiben?
Would you sign, please? ....Könnten Sie bitte unterschreiben?
Where do I have to sign?................................Wo muss ich unterschreiben?
What is today's date? ....Den wie vielten haben wir heute?
May I borrow a pen/biro, please?...................Kann ich einen Füller/einen Kuli leihen, bitte?
What time does the bank open/close? ....Wann macht die Bank auf/zu?

USING THE PHONE

Hello, … speaking ....Hallo, hier ist …
This is Schmidt's house ....Hier bei Schmidt
I am ----'s penfriend (male)............................Ich bin ----s Brieffreund
I am ----'s penfriend (female) ....Ich bin ----s Brieffreundin
Everyone's out. ....Niemand ist da
Can I take a message? ....Kann ich eine Nachricht aufschreiben?
Will you say that again, please? ....Könnten Sie das bitte wiederholen?
Wait for the dialling tone ....Warten Sie auf das Amtszeichen

Do you sell phone cards? ....Verkaufen Sie Telefonkarten?
Can I phone from here?..................................Kann ich von hier aus telefonieren?
Where are the directories? ....Wo sind die Telefonbücher?
I need to phone the UK ....Ich muss nach Großbritannien anrufen
What do I have to do? ....Was muss ich tun?
I've been cut off ....Ich bin unterbrochen worden
Don't hang up ....Bleiben Sie am Apparat!

Remember: **To dial the UK from Germany**

Dial 00 and wait for a change of tone,
dial 44,
then the UK area code without the 0,
finally your own number

My home phone number from Germany is 00 44 ....

EATING WITH THE FAMILY

AT HOME

I'd like a drink..Ich möchte etwas trinken
I'd like something to eat.................................Ich möchte etwas essen
Meal's ready! ....Das Essen ist fertig!
What would you like to drink?......................Was möchtest du trinken?
Do you like chicken/salad/bananas? ....Isst du gern Hähnchen/Salat/Bananen?
Yes, very much ....Ja, gerne
Yes, I'm not fussy ....Ja, ich esse alles
I'm sorry, but I don't like chicken.................Es tut mir leid, ich esse Hähnchen nicht gern
Do you want some mayonnaise?....................Möchtest du Mayonnaise?
Yes, please ....Ja, bitte
No, thank you...Nein, danke/Danke
Just a little, please ....Nur ein bisschen, bitte
Help yourself/yourselves! ....Bedien dich/Bedient euch!
Pass the salt/water/bread, please ....Könnten Sie mir bitte das Salz/ das Wasser/das Brot reichen
Another piece of cheese? ....Noch ein Stück Käse?
Thanks, I've had enough................................Danke, das ist genug
It is/was delicious..Das ist/war lecker
It tastes good ....Es schmeckt (gut)
It was/tasted good..Es hat gut geschmeckt
I'm vegetarian. ....Ich bin Vegetarier(in)
I'm vegan ....Ich bin Veganer(in)
I'm allergic to strawberries. ....Ich bin allergisch gegen Erdbeeren

IN A CAFE

Could you tell me the way to the café?..........Wie kommt man am besten zum Café?
I've promised to meet my penfriend there .....Ich habe meinem Brieffreund versprochen, ihn dort zu treffen
Let's go for a drink...Wollen wir was trinken
I'll buy you a drink...Ich kaufe dir ein Getränk
What will you have? ....Was möchtest du?
I'm paying...Ich bezahle/Ich lade dich ein

Do you want to order?....................................Wollen Sie bestellen?
What would you like to drink?.......................Was möchten Sie trinken?
I would like a lemonade, please ....Ich möchte eine Limonade, bitte
Anything else?..Sonst noch etwas?
Have you got any crisps, please? ....Haben Sie bitte Chips?
Do you sell ice cream?...................................Verkaufen Sie Eis?
What sorts of ice cream do you have? ....Was für Eissorten haben Sie?
I would like a strawberry ice with cream, please ....Ich möchte ein Erdbeereis mit Sahne, bitte

How much is that? ....Was kostet das?
Is the service charge included? ....Ist die Bedienung eingeschlossen?

FOOD AND DRINK

Here is a list of food and drink. The German is listed first because this is what you will hear in your families.

Drinks	**Getränke**
der Apfelsaft (säfte)	apple juice
das Bier (e)	beer
das Cola (s)	cola
die Flasche (n)	bottle
das Getränk (e)	drink
der Kaffee (s)	coffee
der Kakao	cocoa
das Kännchen (-)	pot
die Limo	lemonade
die Limonade (n)	lemonade
das Mineralwasser	mineral water
der Orangensaft	orange juice
das Pils	lager
der Rotwein (e)	red wine
der Sekt (e)	champagne
der Sprudel (-)	fizzy drink
der Tee (s)	tea
das Wasser	water
der Wein (e)	wine
der Weißwein (e)	white wine

Starters	**Vorspeisen**
der Aufschnitt (e)	cold meat
der Fisch (e)	fish
die Forelle (n)	trout
das gekochte Ei (er)	(hard) boiled egg
die Gulaschsuppe	goulash soup
die Hühnerbrühe	chicken soup
die kalte Platte	cold buffet
die Leberwurst	liver sausage/paté
die Linsensuppe	lentil soup
die Mayonnaise	mayonnaise
das Omelett (e or s)	omelette
der Pfeffer	pepper
das Rührei (er)	scrambled egg
der Schinken (-)	ham
das Salz	salt
der Senf	mustard
das Spiegelei (er)	fried egg
die Suppe (n)	soup
die Tomatensuppe	tomato soup
die Vorspeise (n)	starter

Vegetables	**Gemüse**
der Blumenkohl	cauliflower
die Bohne (n)	green bean
die Bratkartoffel (n)	fried potato
der Champignon (s)	mushroom
die Erbse (n)	pea
die Fritten	chips
das Gemüse	vegetables
die Gurke (n)	gherkin, cucumber
der Kartoffelbrei	mashed potato
das Kartoffelmus	mashed potato
der Kartoffelsalat	potato salad
der Knödel (-)	dumpling
der Pilz (e)	mushroom
die Pommes	chips
die Pommes frites	chips
der Reis	rice
der grüne Salat	salad
die Salzkartoffel (n)	boiled potato
das Sauerkraut	pickled cabbage
die Tomate (n)	tomato
der Wurstsalat	sausage salad
die Zwiebel (n)	onion

Fruit	**Obst**
der Apfel (Äpfel)	apple
die Apfelsine (n)	orange
die Banane (n)	banana
die Birne (n)	pear
die Erdbeere (n)	strawberry
die Himbeere (n)	raspberry
die Kirsche (n)	cherry
das Obst	fruit
der Pfirsich (e)	peach
die Traube (n)	grape
die Zitrone (n)	lemon

Fish	**Fisch**
das Fischstäbchen (-)	fish fingers
die Forelle (n)	trout
der Hering (e)	herring
der Kabeljau	cod
der Lachs	salmon

Meat	**Fleisch**
die Bockwurst (-würste)	hot dog
der Braten (-)	roast (dish)
das Brathähnchen	roast chicken
die Bratwurst	fried sausage
das Curry (s)	curry
die Currywurst	curried sausage
der Eintopf (töpfe)	stew, thick soup
das Fleisch	meat
die Fleischsorte (n)	kind of meat
die Grillplatte (n)	mixed grill
das Gulasch	goulash
das Hähnchen (-)	chicken
das Kalbfleisch	veal
das Kotelett (s)	chop, cutlet
die Leber (n)	liver
das Rindfleisch	beef
das Schweinefleisch	pork
das Schnitzel (-)	escalope
das Steak (s)	steak
das Wiener Schnitzel	Wiener Schnitzel

Desserts	**Nachspeisen**
die Creme	cream
der Eisbecher (-)	ice-cream sundae
der Jogurt (- or s)	yoghurt
der Käse (-)	cheese
das Kompott	apple sauce, stewed fruit
der Obstsalat	fruit salad
die Nachspeise	dessert, sweet
der Nachtisch (e)	dessert
der Pudding (s)	dessert
die Sahne (n)	cream
die Schlagsahne (n)	whipped cream
die Vanille	vanilla
Zitronen-	lemon-flavoured
der Zucker (-)	sugar

At the Baker's	**In der Bäckerei**
der Apfelkuchen (-)	apple cake
das Brot	bread
das belegte Brot	open sandwich
das Brötchen (-)	bread roll
das Butterbrot (e)	sandwich
das Graubrot	type of brown bread
das Käsebrot (e)	cheese sandwich
der Kirschkuchen (-)	cherry cake
der Kuchen (-)	cake
das Roggenbrot	rye bread
das Schinkenbrot (e)	bread with ham
das Schwarzbrot	black bread, pumpernickel
die Torte (n)	flan, gateau
das Vollkornbrot	wholemeal bread
das Wurstbrot (e)	cold meat sandwich

Cutlery/Crockery	**Besteck/Geschirr**
das Frühstück (e)	breakfast
die Gabel (n)	fork
das Glas (Gläser)	glass
der Kaffeelöffel	teaspoon
der Löffel (-)	spoon
das Messer (-)	knife
die Tasse (n)	cup
der Teller (-)	plate
die Untertasse (n)	saucer

Meals	**Mahlzeiten**
das Abendbrot (e)	evening meal (cold)
das Abendessen (-)	evening meal (hot)
das Essen (-)	meal, food
das Frühstück	breakfast
die Mahlzeit (en)	meal, mealtime
das Mittagessen (-)	lunch

Useful Adjectives	**Nützliche Adjektiven**
frisch	fresh
kalt	cold
lecker	delicious
sauer	bitter, sharp
scharf	spicy, sharp, strong
süß	sweet
warm	hot

Useful Verbs	**Nützliche Verben**
frühstücken (wk)	to have breakfast
geben	to give
grillen (wk)	to grill
probieren	to try
reichen (wk)	to pass (eg the salt)
riechen	to smell
schlucken (wk)	to swallow
schneiden	to cut
zu Abend essen	to have the evening meal
zu Mittag essen	to have lunch

TRAVEL AND TRANSPORT

FINDING YOUR WAY

How do I get to the cathedral, please? ....Wie komme ich am besten zum Dom, bitte?
Which is the way to the station, please? ....Wie kommt man am besten zum Bahnhof, bitte?
Is there a hotel near here? ....Gibt es hier in der Nähe ein Hotel?

Turn left at the traffic lights ....Biegen Sie an der Ampel links ab
It's on your right after the library...................Es ist auf der rechten Seite hinter der Bibliothek
Go straight on as far as the petrol station.......Gehen Sie geradeaus bis zur Tankstelle
Cross the road ....Gehen Sie über die Straße
Go up/down the road.....................................Gehen Sie die Straße hinauf/hinab
Go along the road...Gehen Sie die Straße entlang
Follow this road till you get to the Town Hall .....Nehmen Sie diese Straße bis zum Rathaus
Take the first/second/third street on the right ....Nehmen Sie die erste/zweite/dritte Straße rechts

It is a large building near the sea....................Es ist ein großes Gebäude neben der See
It's a ten minute walk.....................................Es ist zehn Minuten zu Fuß
You can get there by bus/tram/tube ....Man kann mit dem Bus/mit der Straßenbahn/ mit der U-Bahn dahin fahren
You'll have to take a taxi ....Man muss mit dem Taxi fahren
It's thirty km from here ....Es ist 30 km von hier entfernt

Opposite the bank ....Der Bank gegenüber/gegenüber der Bank
On the right of the cinema..............................Rechts vom Kino
To the left of the park....................................Links vom Park
Beside the lake ....Neben dem See
Between the chemist's and the supermarket..Zwischen der Apotheke und dem Supermarkt
At the end of the corridor...............................Am Ende des Ganges
On the first/second/top floor ....Im ersten/zweiten/obersten Stock

AT THE TOURIST OFFICE

I would like a town plan/map of the area.......Ich möchte einen Stadtplan/eine Landkarte
Where is the bus station? ....Wo ist der Busbahnhof?
May I have a bus timetable, please?..............Darf ich bitte einen Busfahrplan haben?

What should we see in the town?...................Was sollen wir in der Stadt sehen?
Do you do guided tours of the town? ....Kann man eine Stadtrundfahrt/ einen Stadtrundgang machen?
Where can I hire a bike? ....Wo kann man ein Fahrrad leihen?

Have you got any information about other regions of Germany? ....Haben Sie Informationen über andere Gegenden von Deutschland?
I like visiting old castles/churches ....Ich mag alte Schlösser/Kirchen besichtigen
I have never been there ....Ich war noch nie da

BY PUBLIC TRANSPORT

Where is the bus stop? .... Wo ist die Bushaltestelle?
A book of tickets, please .... Eine Mehrfahrtenkarte, bitte
Don't forget to stamp your ticket .... Vergessen Sie nicht, die Fahrkarte zu entwerten
How often do the buses run? .... Wie oft sind die Busse?
I've been waiting for 20 minutes already .... Ich warte schon seit 20 Minuten
What time is the first/last bus? .... Wann fährt der erste/letzte Bus?
Is this the right bus for the town centre? .... Fährt dieser Bus zur Stadtmitte?
You get off at the Town Hall .... Steigen Sie am Rathaus aus!
Are all these seats taken? .... Sind diese Plätze alle besetzt?
This seat is free .... Dieser Platz ist frei

Have I missed the last bus? .... Habe ich den letzten Bus verpasst?
Would you like to phone for a taxi? .... Möchten Sie ein Taxi anrufen?

PROBLEMS AND ILLNESS

LOSSES

I've lost my passport/camera .... Ich habe meinen Pass/Fotoapparat verloren
I've lost my mobile .... Ich habe mein Handy verloren
Where have you looked for it? .... Wo hast du gesucht?
I've looked in my case/in my room/ everywhere .... Ich habe in meinem Koffer/im Zimmer/ überall gesucht
Where did you lose your bag? .... Wo hast du die Tasche verloren?
I left it on the bus .... Ich habe sie im Bus liegen lassen
When did you lose your umbrella? .... Wann hast du den Schirm verloren?
Yesterday/last week/this morning .... Gestern/letzte Woche/heute Morgen
I think I put my wallet on the counter in the bookshop .... Ich glaube, ich habe mein Portemonnaie auf den Ladentisch in der Buchhandlung hingelegt
My wallet has been stolen .... Man hat mir das Portemonnaie gestohlen
You must go to the police station .... Du musst zur Polizei gehen

MINOR DISASTERS

I'm sorry I'm late .... Es tut mir leid, dass ich spät komme
I got lost .... Ich habe mich verlaufen
There was heavy traffic .... Es gab viel Verkehr
I've broken a plate/cup/glass .... Ich habe einen Teller/eine Tasse/ein Glas gebrochen
I've lost my contact lens/sunglasses .... Ich habe meine Kontaktlinse/ meine Sonnenbrille verloren
My pullover is ripped .... Mein Pullover ist gerissen
He has lost his calculator .... Er hat seinen Taschenrechner verloren
He has broken the window .... Er hat das Fenster gebrochen
I've got oil on my skirt .... Ich habe Öl auf dem Rock
Can you have it cleaned for me, please? .... Könnten Sie ihn mir bitte reinigen lassen?

ILLNESS/AT THE DOCTOR'S

I would like an appointment with the doctor ....Ich möchte einen Termin beim Arzt
What is the matter? ....Was ist los?
I don't feel well ....Ich fühle mich nicht wohl
I feel ill ....Mir ist schlecht/ich bin krank
I've got a headache...Ich habe Kopfschmerzen
I've got a sore throat ....Ich habe Halsschmerzen
I've got stomach-ache ....Ich habe Bauchschmerzen
I've got my period..Ich habe meine Tage/meine Regeln
I've got diarrhoea ....Ich habe Durchfall
My head hurts/aches...Mein Kopf tut weh
I have hurt my back..Ich habe Rückenschmerzen
I have trapped my fingers.................................Ich habe mir die Finger eingeklemmt
I have twisted my ankle....................................Ich habe mir den Fuß verrenkt
Can you give me something for the pain?......Könnten Sie mir ein Schmerzmittel geben?
I'm allergic to … ....Ich bin allergisch gegen …
I've been stung by a bee/wasp.........................Mich hat eine Biene/Wespe gestochen
Here is a prescription for some pills ....Hier ist ein Rezept für einige Tabletten
Take one four times a day, after meals ....Nehmen Sie eine Tablette viermal am Tag nach dem Essen
Is this the first time that this has happened to you? ....Ist es das erste Mal, dass es dir passiert ist?
I feel dizzy..Mir ist schwindlig
My ankle is swollen ....Mein Knöchel ist angeschwollen
I've been sick!..Ich habe mich erbrochen/übergeben

AT THE DENTIST'S

May I have an appointment?...........................Darf ich einen Termin haben?
I have toothache ....Ich habe Zahnschmerzen
I've lost a filling..Ich habe eine Plombe verloren
Are you going to give me an injection? ....Geben Sie mir eine Spritze?
You must pay at reception ....Sie müssen an der Rezeption bezahlen

AT THE CHEMIST'S

Have you got anything for a cold? ....Haben Sie etwas gegen Schnupfen?
I need some tissues..Ich brauche Papiertaschentücher
I have a temperature..Ich habe Fieber
I am suffering from sunburn ....Ich leide an Sonnenbrand
I would like some plasters/cotton wool..........Ich möchte Pflaster/Watte
May I have some cough mixture? ....Kann ich Hustensaft haben?
A large bottle or a small one? ....Eine große Flasche oder eine kleine?
The chemist opens at 9 am..............................Die Apotheke macht um neun Uhr auf
It's not serious ....Es ist nicht schlimm

WORTSUCHRÄTSEL

L	N	E	T	T	I	L	H	C	S	Ö	B	N	E	R
G	L	K	E	S	F	E	D	E	R	B	A	L	L	F
A	E	A	R	C	K	Ä	N	R	E	S	L	R	L	O
R	H	U	B	U	A	Z	N	S	I	N	E	K	A	T
U	U	N	Z	D	T	I	S	R	T	S	M	Ü	H	E
X	H	L	A	S	N	T	A	B	E	R	C	E	N	T
I	C	O	S	E	M	A	Ü	R	N	D	K	T	R	I
D	S	S	I	I	S	P	H	T	Ö	S	U	N	U	N
R	L	R	N	L	N	D	Z	S	U	T	O	R	T	X
A	L	O	N	B	D	E	D	R	U	G	B	Y	E	N
O	O	Ü	E	A	N	D	F	J	A	D	T	R	N	E
B	R	O	T	H	K	E	U	U	I	O	X	G	R	R
E	J	D	H	N	N	O	S	P	A	R	O	Z	S	H
T	K	U	C	Ö	S	M	S	C	U	L	K	A	J	A
A	X	J	S	T	B	F	B	N	F	J	I	Ü	R	F
K	C	R	I	K	I	S	A	R	N	M	T	K	C	B
S	E	R	T	J	N	K	L	L	O	B	Ä	G	S	O
D	U	B	I	S	C	H	L	Ä	G	E	R	N	P	B

BOBFAHREN
FEDERBALL
FUSSBALL
GOLF
HANDBALL
JUDO
KANU

REITEN
ROLLSCHUHE
RUDERN
RUGBY
SCHLÄGER
SCHLITTEN
SEILBAHN

SKATEBOARD
SKILAUFEN
SURFEN
TOR
TISCHTENNIS
TURNHALLE

Notizen
Notes

Notizen
Notes